BAMBÁN Y RUCI

Toconudo

Círculo Rojo
EDITORIAL

Creado del reflejo de un sueño
e ilustrado por unas hadas únicas, divertidas
y fantásticas a las que amo infinitamente.

Bambán es un buitre que nació y vivió en la misma región que le murciélague Ruci.

Ese lugar era maravilloso y espectacular, lleno de naturaleza e intacto de la acción industrial realizada por el hombre.

El nido de Bambán lo construyeron sus papis al abrigo del viento, en un cinglo que les facilitaba el despegue; justo encima de un riachuelo de aguas cristalinas, limpias y puras, pues aguas arriba no habitaba ningún ser humano.

Enfrente del nido de Bambán, en una grieta del risclo también nació Ruci, le caganidos, de cuatro hermanos de diferente padre y mismo parto, al contrario que su amigo Bambán, que fue eclosionado del único huevo que engoraban sus papás.

Ruci se sentía diferente, pues aún no había encontrado su identidad sexual y social. Al expulsar sus guanos tenía sentimientos especiales, y le costaba disfrutar de la compañía de la gente.

La sociedad, equivocadamente, había identifica-do su personalidad como femenina y apolítica.

Durante sus primeros meses de vida realizaban torpes vuelos de aprendizaje.

Cuando se ponía el sol era el único momento del día en que sus vuelos coincidían, ya que Bambán madrugaba y Ruci trasnochaba; así comenzó su bonita amistad.

En este espacio de tiempo, se contaban sus experiencias y aventuras de la jornada.

13

—Tened cuidado con esos monstruos que se mueven, son enormes y hacen ruidos y luces muy extrañas.

—¡Papás! Somos superveloces, y Ruci es muy ágil

Un día, tras alargar sus torpes vuelos, localizaron la construcción de un parque eólico y su línea de evacuación, la curiosidad retrasó su vuelta.

Al enterarse, sus papás les advirtieron.

Pasaron los días y una tarde de agosto en el ocaso del sol, mientras Bambán realizaba unos de sus vuelos, se desató una fuerte tormenta, el viento dificultaba su vuelo.

Cansado ya de luchar contra la tempestad no pudo evitar ser alcanzado por una de esas enormes aspas que tienen los aerogeneradores de un parque eólico, lo que provocó una fuerte caída que lo dejó inconsciente en el suelo.

La tormenta amainó cuando ya había oscurecido. Era el turno del vuelo de Ruci. Esperó la llegada de su amigo Bambán, pero, como no llegaba, salió volando hacia los mismos parajes que su amigo recorría durante el día.

Nada más empezar el trayecto observó que todo era diferente. Los destellos de las luces habían desaparecido. Una terrible tragedia acababa de suceder.

La tormenta lo había destruido todo.

Ruci estaba asustade, nerviose, aterrorizade. En unos de sus vuelos buscando a Bambán colisionó con la torre de un aerogenerador, quedando inconsciente, al igual que su amigo Bambán, a un tiro piedra de él.

Después de una noche terrorífica llegó un hermoso amanecer. El sol lucía como nunca lo había hecho y los jilgueros revoloteaban entre los guillomos.

Las mariposas, las abejas y demás insectos recolectaban el néctar y el polen de las ajedreas, los espliegos y la multitud de flores que crecen en bancales y montañas.

Apareció Acher, el primogénito de la «masada el Batán», con el atajo de cabras y comenzó a teñer hermosas melodías con su chuflaina.

Acher era muy habilidoso, él mismo había elaborado su chuflaina con el hueso de un ala de los restos del abuelo de Banbán que halló en un ribazo, tras su óbito causado por su larga longevidad.

Bambán se fue reanimando, al mismo tiempo que Ruci empezaba a emitir sus ultrasonidos. Poco a poco fueron recuperándose mientras sonaban las melodías que fluían de la chuflaina de Acher.

El primer pensamiento de Bambán fue que, al ser de día su amigue Ruci, estaría en peligro, pues el sol dañaría sus finas alas.

Inmediatamente, Bambám voló hasta el lugar donde se encontraba Ruci, batiendo el récord en velocidad y destreza.

Protegió el lugar.

Avisó al 112.

Socorrió a Ruci, colocándole el desfibrilador mientras le hacía la RCP (reanimación cardiopulmonar). 30 compresiones, 2 respiraciones, con todos estos cuidados, Ruci se recuperó.

Capuzó a Ruci entre las plumas de su pecho y, más rápido que en el vuelo anterior, le llevó a la grieta de su risclo.

Pasaron todo el día y la noche juntos, sin salir a volar, fundidos en un abrazo.

A partir de ese día los humanos inventaron otros métodos de producir energía.

Redujeron el consumo de energía al no producir armamento, material bélico y demás productos innecesarios, en miras de construir una sociedad libre, igualitaria, comprensiva, llena de progreso e ilusión, donde las familias y sus descendientes pudieran coexistir con los demás seres vivos, divertirse, jugar, charrar...

Y colorín colorete, este cuento fácilmente se puede hacer realidad.

Significado de algunas palabras:

Cinglo: formación rocosa voluminosa y abrupta.

Caganidos: menor de una familia.

Chuflaina: instrumento musical elaborado con el hueso del ala del buitre y una caña para hacerla sonar.

Atajo: conjunto de animales procedentes de un rebaño apacentado por un pastor para mimar sus cuidados.

Tiro piedra: corta distancia.

Toconud@: aldeano de Cirujeda o Cirugeda que en los periodos preindustriales recolectaba la teda de los pinos para iluminar sus hogares.

Os invito a reflexionar sobre las siguientes cuestiones y las que se os puedan plantear:

¿Es necesario dañar la naturaleza para producir energía?

¿Sería posible vivir con menos iluminación y mecanización?

¿Podríamos recrearnos y divertirnos solo con la naturaleza y las maravillas que nos aporta?

¿Creéis que debemos fabricar material bélico si queremos vivir en paz?

Esta historia va dedicada a la aldea de Cirujeda o Cirugeda (dos nombres para un maravilloso lugar), pedanía de Aliaga, provincia de Teruel, que ve como poco a poco se va destruyendo todo su potencial natural a cambio de nada y para siempre, y a todos aquellos espacios amenazados por el mismo motivo.

Agradecer a todas las personas que analicen, piensen, investiguen, creen... para progresar en un mundo en el que la naturaleza se conserve como fue, ya que en algunos casos se ha visto alterada y siempre será nuestra madre que nos permite vivir.

Primera edición: julio 2024

Depósito legal: AL 924-2024

ISBN: 978-84-1073-219-3
Impresión y encuadernación: Editorial Círculo Rojo

© Del texto: Toconudo
© Maquetación y diseño: Equipo de Editorial Círculo Rojo
© Ilustraciones: Proporcionadas por el autor

Editorial Círculo Rojo
www.editorialcirculorojo.com
info@editorialcirculorojo.com

Impreso en España - Printed in Spain